AF332320

LETTRE

ADRESSÉE

A SON ÉMINENCE

MGR LE CARDINAL ANTONELLI

PAR

M. L'ABBÉ BRIÈRE

VICAIRE DE CHATEAUNEUF (EURE-ET-LOIR)

Je suis chrétien, je suis Français.
(*Paroles de* MGR CLAUSEL DE MONTALS.)

PRIX : Cinquante centimes

PARIS

IMPRIMERIE BALITOUT, QUESTROY ET Ce

7, RUE BAILLIF ET RUE DE VALOIS, 18

1876

AVANT-PROPOS

Ancien élève de M. l'Abbé Brière, je tiens à déclarer que la publicatio
de cette lettre est bien mon fait et celui de plusieurs autres personnes, q
l'ont trouvée parfaitement conforme aux règles des convenances. Quoiqu
mon excellent maître eût pu rendre lui-même ses réclamations publiques,
il a voulu, comme toujours, témoigner son profond respect à l'autorité ecclésiastique en me laissant agir.

M. l'Abbé m'écrit : « La vingt-huitième proposition condamnée par le *Syl-*
» *labus* est ainsi conçue : Il n'est pas permis aux Évêques de publier même
» les lettres apostoliques sans la permission du gouvernement. — Donc il
» serait également contraire à l'esprit de l'Église d'ôter aux fidèles la fa-
» culté de correspondre publiquement avec l'autorité religieuse, dans un
» cas de nécessité, pourvu que les convenances soient sauvegardées. Lors de
» notre dernière entrevue, Monseigneur l'Évêque de Chartres me disait
» aussi : *Vous aviez la liberté de vous adresser au Souverain Pontife; et cette*
» *liberté, vous l'avez encore. Tout laïc en use. Je veux qu'à plus forte raison*
» *mes prêtres le puissent faire.* En parlant de la sorte, Sa Grandeur n'avait
» pas sans doute en vue des actes publics.

» Mais que ferait ici un laïc? je le demande.

» Mes supérieurs peuvent en être bien convaincus : je n'ai aucunement
» l'intention de les blesser; je crois même les honorer beaucoup plus par
» mes plaintes que d'autres ne le feraient, en leur tenant un langage diffé-
» rent. Voyez le saint roi David. Il n'adresse pas toujours à la Providence
» des compliments dévots. Qu'est-ce que le livre des Psaumes? Un appel à
» Dieu. »

La Nonciature a fait savoir en outre à M. l'Abbé, qu'en pareille matière
le recours au Saint-Siége n'est vraiment pris au sérieux qu'autant qu'il
revêt le caractère de la publicité. Telle est la raison de cette lettre.

GEORGES PERDRIX,

113, boul. Voltaire.

Paris, 6 janvier 1876.

P. S. Une feuille ayant pour titre : *Quelques Idées accessoires*, fera suite au
présent opuscule.

A S. E. MGR LE CARDINAL ANTONELLI

EMINENCE,

Prêtre du diocèse de Chartres, j'ai gardé mémoire du long entretien que vous avez bien voulu m'accorder, en 1863, et ce souvenir cher à mon âme m'inspire aujourd'hui la confiance de recourir par votre charitable entremise à l'autorité, à la paternité suprême du chef de l'Eglise.

Ce que je réclame avec foi, c'est la liberté de me défendre relativement à un ensemble d'idées philosophiques, objet principal de mes études depuis plus de vingt ans, et au sujet duquel un avis défavorable a été envoyé de Rome à l'Evêché, il y a quelques mois. Ma vie entière est en question. Il s'agit aussi, d'après moi, des intérêts de la France, ma bien-aimée patrie. C'est pourquoi, loin de vouloir éveiller ici des querelles d'amour-propre, j'adresse en même temps la présente requête à l'autorité diocésaine, autant que cette affaire peut et doit la concerner. Une lettre à Sa Sainteté accompagne mon envoi confié à la garde du Dieu de la justice et de la miséricorde ; et, si Votre Eminence le juge expédient, je me rendrai à Rome, *afin de m'y défendre*. Voilà mon désir, voilà mon but, voilà le cri de tout mon être; il y a en moi, ce me semble, autre chose qu'une cymbale retentissante, lorsqu'après bien des hivers l'écho de mes pensées répète encore aujourd'hui cet adage plein de foi et d'amour : « Je suis chrétien, je suis Français. »

Que dis-je ? La voix qui parle ici, est-ce uniquement ma voix isolée et perdue au milieu du bruit des affaires humaines ? Non, daignez le croire, Éminent Prélat ; cette voix, c'est aussi le gémissement de la France entière, qui s'en va, douloureuse et plaintive, demander au Siége Apostolique de lui rendre la vie, la certitude et l'espoir. Vous vous rappelez, sans doute, une scène de *l'Énéïde,* où, après avoir échappé au naufrage, le Troyen Ilionée, accompagné de plusieurs compagnons d'infortune, implore le secours de la reine de Carthage.

> Troes te miseri, ventis maria omnia vecti,
> Oramus, prohibe infandos a navibus ignes,
> Parce pio generi, et propiùs res adspice nostras (1).

Tel est mon langage et celui de bien des âmes éplorées. Où allons-nous ? qu'allons-nous devenir ? on se le demande. Aux yeux des hommes sensés, le malaise tient surtout aux questions religieuses. Je m'adresse donc, pour mon pays comme pour moi, à cette Église romaine, la mère et la maîtresse des autres Églises, puisque c'est de ce foyer lumineux que partent les rayons de l'infaillible vérité.

I

Que les faits parlent eux-mêmes. Leur voix, qui est d'or, sera plus éloquente que le clinquant des discours. Depuis plus de vingt ans, comme il a été dit, j'ai dans l'esprit un ensemble d'idées tout à la fois religieuses et sociales. Après bien des péripéties, la Cour de Rome a daigné faire en ma faveur deux choses :

1° En date du 21 janvier 1874, la Nonciature apostolique de Paris m'informait que, pour obtenir une décision, la véritable voie à suivre, c'était de faire prononcer à Chartres un jugement en première instance ; ce qui impliquait la faculté de

---

(1) Troyens infortunés, ballottés par les vents sur toutes les mers, nous vous en supplions, éloignez de nos vaisseaux la flamme impie ; épargnez une nation religieuse, et daignez mieux nous connaître.

recourir à Rome, en cas de besoin. Un tel verdict, joint à d'autres témoignages encore plus expressifs, prouve surabondamment, il me semble, ce que tout lecteur impartial a déjà compris, savoir : que ma pensée a droit de ne pas être effacée comme un rien fugace, ou bien à l'instar de ces feux follets que la sagesse divine éteint à l'improviste, parce qu'elle les voit errer sans gloire et sans utilité. Ci-joint la lettre en question :

NONCIATURE APOSTOLIQUE
EN FRANCE

Parisiis, die 21 januarii 1874.

Rnde Domine (1),

Consideratis omnibus quæ tùm Emô Pronuntio, tùm mihi scribis, nihil aliud dici potest, meâ sane sententiâ et salvo superiori judicio, quàm bene et clarè exponere ideas tuas easque submittere judicio tui Rmî Episcopi, cujus erit in primâ saltem instantiâ dijudicare, utrum evulgatio prelo tuarum opinionum in bonum cedat religionis.

Eâ quâ par est existimatione, sum tui, Rnde Domine,
Hmus servus. LUCIARDI.

2° Le conseil de Mgr Luciardi a été fidèlement suivi. Mais de son côté Mgr l'Évêque de Chartres préférait me laisser la liberté de m'adresser directement au Saint-Siége. C'est pourquoi je l'ai fait par l'entremise de la Nonciature, en joignant à l'exposé de

---

(1) Respectable Monsieur, après avoir réfléchi à ce que vous écrivez à Son Excellence ainsi qu'à moi, je vous exprime l'avis qui est, à mes yeux, le meilleur, sauf une décision supérieure : c'est d'exposer comme il faut et avec clarté vos idées, et de les soumettre au jugement de Mgr votre Évêque. C'est à Sa Grandeur qu'il appartiendra de juger, au moins en première instance, si la publicité donnée à vos opinions par la presse doit tourner au bien de la religion.
En professant pour vous l'estime que vous méritez,
J'ai l'honneur d'être, respectable Monsieur,
Votre serviteur très humble,
LUCIARDI.

mes vues intimes un volume intitulé : *Hommage poétique offert au département d'Eure-et-Loir.* Quel plaisir pour moi de fêter ainsi le Pape cher à la Sainte-Vierge Marie ! Quelle volupté je ressentais en offrant au chef de l'immortelle Église, non-seulement l'expression de ma foi chrétienne, mais aussi le pur et filial encens, le mot le plus intime de mon patriotisme français : *Il parlar che nell'anima si sente!*

Répondant à cette offre spontanée par un témoignage de paternelle affection, le Souverain Pontife daigna ordonner l'examen de l'affaire, et le 23 août 1875, près d'une année après mon envoi, lorsque depuis longtemps je croyais ma prose et mes vers à jamais oubliés, un éminent cardinal a récrit à Chartres que, tout bien pesé, *omnibus mature perpensis,* quelques-unes de mes propositions lui semblaient suspectes ou erronées. Rien du reste n'est spécifié dans la réponse en question. Son Éminence avait recommandé aussi qu'on eût pour moi des égards ; et je relate avec plaisir ce détail, ne voulant pas, d'après le conseil de l'Ecriture, qu'une seule molécule de bien puisse échapper à l'œil attentif de mes souvenirs.

II

Telles sont, Auguste Prélat, les particularités dont je voulais parler. Voici maintenant les conséquences que ma foi en tire, comme des corollaires basés tout à la fois sur l'esprit du Saint Evangile et sur ce bon sens, qui, d'après Bossuet, est le roi de la vie humaine.

Le premier sentiment produit en moi par les faits ici rapportés, c'est un amour de plus en plus grand pour le Saint-Siége Apostolique, puisque son regard de bienveillante attention m'a rappelé

> Celui dont l'oreille s'incline
> Au cri du moindre vermisseau,
> Au brin d'herbe de la colline
> Qui soupire après un peu d'eau.

En outre, quoique la missive du 23 août ne semble pas m'être favorable, j'offre, au sujet de cette missive, le respectueux et cordial hommage de mes remerciements et au Souverain Pontife et au Prélat qui a été chargé de répondre au nom de Sa Sainteté. Qu'on ne voie pas là une phrase de salon. J'ai mes motifs :

1° Le ton et la solennité de la lettre romaine ont réfuté suffisamment certains autres rescrits venus de divers points, et dans lesquels mes idées étaient jugées indignes d'examen. C'est un fait aujourd'hui constant : Rome a pris mes affaires en considération.

2° Les simples notes de suspicion et d'erreur données vaguement à quelques-unes de mes propositions sont bien loin de ces autres appréciations, où les mêmes aperçus se trouvaient traités de monstruosités scandaleuses, hérétiques, offensives des oreilles pieuses. Nouveau progrès à noter.

A ce double point de vue, la réponse du 23 août m'est donc en réalité favorable : et c'est ainsi qu'une solution négative peut quelquefois nous servir utilement. Dois-je m'en tenir là? Tel est le point sur lequel j'ai à m'expliquer.

Lorsque Mgr l'Evêque de Chartres me fit l'honneur de me communiquer l'avis de Rome à l'Evêché, *De mandato Sanctissimi,* en présence de M. l'abbé Barrier et de M. l'abbé Fauchereau, ses vicaires généraux, je demeurai tout stupéfait, stupéfaction qu'on s'explique aisément. Pour moi, c'en était fait. Daigne l'autorité ecclésiastique agréer cette disposition comme un premier gage de mon profond respect!

Sans me départir en aucune façon de ce respect, je me rappelai ensuite qu'à l'heure même où j'étais attéré, la divine Providence avait pris à tâche de me relever : *Vous aviez la liberté de vous adresser au Souverain Pontife,* me dit Sa Grandeur, *cette liberté, vous l'avez encore.* A l'occasion du Jubilé de Châteauneuf, un bon religieux m'a parlé dans le même sens ; et, si la loi ecclésiastique elle-même était consultée, sa décision serait plus formelle encore. En conséquence, après mûre réflexion, *omnibus maturè perpensis,* je crois honorer beaucoup plus le Souverain Pontife; je crois agir d'une façon plus conforme à l'esprit de mon pays, en sollicitant le droit de me défendre. Si aux yeux de certaines gens, qui ont résolu de coller leurs yeux à la terre, ma résolution semble être le résultat d'une manie, vous du moins, Eminence, vous le ministre d'un Pontife, dont la voix infatigable invoque depuis tant d'années la sainteté du droit contre les écrasements de la force, vous jugerez les choses autrement. Heureuse de me voir prendre au sérieux les lois canoniques, en ces jours où l'on y croit peu, votre foi ne me répétera point ces affreuses paroles de Satan :

Le faible est sans vertu pour agir et souffrir (1).

Oui, j'en appelle à l'autorité suprême du chef de l'Église, en le remerciant avec foi de ses avis. Qu'il y ait dans mes pensées quelque chose d'erroné en un certain sens, ma raison elle-même ne voudrait pas le nier. Elle comprend que les autres points ont dû paraître suspects, puisqu'ils convergent vers un but unique : l'erreur en question. Ainsi, je ne récuse pas, comme on le voit, les considérants de la lettre du 23 août ; je ne la heurte point de front, ce serait une faute.

Mais on n'a pas suffisamment observé, ce me semble, qu'il y a dans l'auguste et très sainte religion de Jésus-Christ comme deux sortes de vérités : les unes dogmatiques et traditionnelles, les autres qui sont demeurées secrètes et non définies. Il m'a toujours semblé voir dans les clochers de Chartres une image de ces deux ordres de choses; et puisque le vieux clocher, symbole de la foi, refuse de m'abriter, je me réfugie aussitôt dans le second, représentant, à mes yeux, de cette importante maxime : La volonté divine n'est pas seulement un amour conforme à la loi, c'est un miracle d'amour au-dessus de toute loi et qui tend à la violation de la loi. C'est pour défendre cette position que j'en appelle encore une fois à l'autorité du Saint-Siége, aux vrais principes de la liberté de conscience proclamés

---

(1) To be weak is miserable
Doing or suffering.
(MILTON, liv. 4.)

par l'Eglise elle-même. Quoi donc ? Cette Eglise n'a pas refusé jadis à Luther le droit d'être entendu, et cela sur des points d'une absurdité révoltante. Dois-je croire, après cela, qu'il vaut mieux être le porc d'Hérode que de s'appeler son fils ? On connaît aussi les longues discussions soulevées à propos des affaires du quiétisme ; on peut relire ces disputes, dont l'écho retentit dans l'histoire, et finalement l'illustre Fénelon a été condamné. Qui songe néanmoins aujourd'hui à lui reprocher ses nobles efforts et sa persévérance à vouloir se défendre ? Par mon appel au Pape, je ne veux rien autre chose.

D'après la teneur de la lettre du 21 janvier 1874, j'en appelle en même temps à l'autorité diocésaine ; les affaires d'un simple prêtre ne sauraient évidemment relever du Saint-Siége que par exception ; c'est l'Ordinaire qui en demeure chargé. J'en appelle donc à Chartres. Ma foi la plus vive demande au successeur de saint Yves tout ce qu'elle peut lui demander, au nom de la justice, et d'après l'esprit de cette charité chrétienne, dont la règle suprême est de n'en pas avoir. Si déjà c'est beaucoup pour moi que mon droit de recourir à Rome ait été reconnu par l'Évêché, cette reconnaissance n'est pas tout. Le libéralisme chrétien peut-il ressembler à celui des Ponces-Pilates ? Ah ! de tels hommes auraient beau se laver les mains ; ces mains seront toujours sales.

A Dieu ne plaise que j'applique ce mot à personne en particulier ! Une telle pensée est loin de mon esprit. Mais ce ne sont pas non plus de simples actes de complaisance que je réclame. Je me fonde ici sur l'immortelle constitution de l'Eglise et sur ce principe du droit divin : *Bonus pastor animam suam dat pro ovibus suis.*

III

Pourquoi développer les motifs sur lesquels s'appuie ma résolution.

A guisa di lion, quando si posa ? (1)

(1) A la façon d'un lion, quand il se repose. (DANTE.)

Accordant à la lettre du 23 août tout ce que ma vive recon naissance est capable d'imaginer, je conviendrai d'un point : vu le ton général de la préface de mon *hommage poétique*, on a pu croire que je n'attachais pas à mes pensées d'autre valeur que celle d'une simple consultation. D'autre part je ne conteste aucunément au Saint-Siége le droit de condamner des propositions *in globo ;* et loin de moi la prétention de vouloir ici renouveler les objections de la chicane contre la Bulle *Unigenitus.* Mais cette Bulle indiquait au moins les erreurs censurées par elle. Ici rien de semblable. La pensée du savant examinateur a fui vers les saules. Au point de vue du droit ecclésiastique, sa lettre es tdonc un avis que je dois respecter, dont je dois profiter. Mais ce n'est pas une décision.

Les usages français me viendront ensuite en aide. L'histoire nous apprend que l'Eglise aime à se conformer, dans la mesure du possible, aux usages de chaque pays. Rien de plus formel sur ce point que les instructions données par le pape S. Grégoire aux missionnaires anglais. *Il m'a été rapporté*, disait le Pontife, *que ces peuples ont coutume d'immoler des bœufs aux dieux. Que ce rite soit transformé en solennité chrétienne.* Tel est en effet, je le crois aussi, le véritable esprit de l'administration ecclésiastique. Du Panthéon d'Agrippa faire un temple au vrai Dieu, contrairement à l'esprit bas et jaloux de ceux qui répètent :

Abîme tout plutôt, c'est l'esprit de l'Eglise.

Or, le droit de défense est comme le fond de notre législation ; et l'un de nos usages, à nous, Français, amis du grand jour, c'est la publicité de l'audience, à moins que la loi ne s'y oppose. L'article 83 de notre Code de procédure exige même que les affaires concernant l'état des personnes soient communiquées au ministère public. Et dans le cas présent, le ministère public n'est-il pas l'opinion publique elle-même ? N'est-ce pas ce vrai peuple français, dont la voix, sublime résultante des forces vives de notre âme, est intimement la voix de Dieu (1) ?

(1) Réflexion d'un plaisant ici écrite au crayon : Les Cardinaux n'y croient guère, à cette voix. — Ils croient lentement mais sûrement.

Je puis donc, d'après l'usage de mon pays, demander à me défendre publiquement.

Combien je suis heureux de pouvoir ajouter à cette demande les paroles suivantes d'un évêque français: Il y a aujourd'hui, disait Mgr de Saint-Brieuc, il y a une école étrange qu'un zèle fatal aveugle : elle ne voudrait mettre dans la bouche de l'Eglise que des anathèmes et des malédictions. Elle a sans doute de pures intentions; mais le mal qu'elle a fait à son insu, est immense. Elle est parvenue à persuader à une foule d'esprits peu instruits ou chancelants que l'Eglise est ennemie de la raison humaine, du progrès et de la liberté, que ces grandes aspirations qui soulèvent le dix-neuvième siècle, et d'où sont nées tant d'œuvres fécondes, devraient être étouffées, pour revenir aux institutions d'un passé qui n'a jamais offert dans son ensemble rien de supérieur au présent, même au point de vue religieux.

« Est-ce que la Providence ne gouverne plus le monde ? Est-ce que le travail qui agite les nations modernes et les pousse dans des voies nouvelles est tout entier l'œuvre du mal ? Est-ce que les intelligences les plus élevées, les âmes les plus pures ne se sont pas ralliées autour des ces idées ? » Fasse le ciel miséricordieux que ces réflexions soient de plus en plus méditées en haut lieu !

Pour couronner ces raisonnements, basés sur le droit ecclésiastique et sur l'esprit français, je prends ici la liberté, Auguste Prélat, d'exposer une considération enfantine et qui, par là même, peut avoir beaucoup de valeur aux yeux des représentants de Dieu ; car Dieu aime ces considérations-là. Voici un fait. J'ai eu l'honneur d'adresser au Souverain Pontife l'exposé confidentiel de mes pensées intimes avec l'hommage filial d'un volume que l'opinion publique, et surtout mes confrères, ont bien voulu agréer. Si, par suite de cet envoi, on a écrit à mon supérieur dans un sens qui m'est peu favorable, je m'en humilie, comme je dois le faire, ou plutôt j'en remercie le Saint-Siége pour les motifs exposés plus haut. Mais, au nom de tous les principes, au nom de cette paternelle suavité qui caractérise l'auguste serviteur des serviteurs de Dieu, ne suis-je pas en droit d'espérer une autre réponse ? Touchant ce point, Eminence, je me confie à votre sens exquis, à votre insigne bienveillance, plutôt que d'étaler des périodes ou des raisonnements. Ce sont là de ces choses qu'un Cardinal sait deviner; il est Dunois par grâce d'état, et l'on dit au beau pays d'Eure-et-Loir que les Dunois entendent à demi-mot.

IV

Sans plus tarder, j'arrive à formuler mes conclusions en invoquant, à cet effet, l'autorité d'un ancien philosophe, Thalès de Milet. Voici ce qu'a dit de lui un auteur italien dont le nom m'est inconnu :

« Talete Milesio, uno de sette savj della Grecia, essendo interrogato, che cosa fosse la più antica di tutte le altre, rispose : Iddio, perchè egli fu sempre. Che cosa più bella? Il mondo, perchè è l'opera di Dio. Che cosa più capace? Il luogo, perchè egli comprende ogni altra cosa. Che cosa più commoda? La speranza, perchè, perduto ogni altro bene, questa rimane sempre. Che cosa migliore? La virtù, perchè, senz'essa non si puo dir cosa buona. Che cosa più veloce? La mente dell'uomo, perchè in un momento ella discorre per tutto l'universo. Che cosa più forte? La necessità, perchè ella supera ogni altro accidente. Che cosa più facile? Dar consilio agli altri. Che cosa più difficile? Conoscer se medesimo. Che cosa più savia? Il tempo, diss'egli, perchè ei consegue il tutto (1). »

Votre Eminence devinera aisément quelles sont parmi ces pensées très remarquables, celles que je veux soumettre à ses plus graves méditations. Qu'il me soit permis d'insister sur la dernière. N'est-ce pas là, en effet, une pensée favorite de la

---

(1) *Iddio* veut dire Dieu, — *ogni*, chaque, — *questa*, celle-ci, — *Non si puo*, on ne saurait….. — *medesimo*, même. — Le reste se comprend avec un peu d'attention.

sainte Eglise? L'Eglise n'applique-t-elle pas cette maxime en mainte occasion, et particulièrement dans la question du prêt à intérêt?

Malgré les textes les plus formels,

Malgré la tradition,

Malgré les Conciles,

Malgré l'Encyclique de Benoît XIV,

Rome a décidé qu'il ne fallait pas inquiéter à ce sujet la conscience des infidèles. Elle réserve seulement son jugement ultérieur, en invitant sans bruit *le temps* à se prononcer. Voilà ce que je désirerais pour moi-même. Et le Code de procédure n'aurait rien à y voir au moins pour l'instant.

Mais si un pareil vœu est rejeté comme téméraire, je demande au moins, soit à Chartres, soit à Rome, ce à quoi j'ai droit. Je demande à me défendre devant un tribunal quelconque; et je renouvelle avec foi mon confiant appel aux droits sacrés de la conscience. Ah! dans ce but unissez-vous, mes douleurs aux douleurs de l'auguste Pie IX. Ses allocutions, ses réclamations, ses protestations seront votre voix, voix qui, j'en ai la douce confiance, montera vers le ciel, afin d'en évoquer la miséricorde et l'amour.

V

En terminant, et à part toutes les dispositions législatives, j'invoque la paternité suprême du Souverain Pontife, j'en appelle à ses longues douleurs, à tous ses souvenirs français, ainsi qu'à cette tendresse, *Onde sempre va carco*. Daignez ici me servir de médiateur, Eminent Prélat, en acceptant pour le Saint-Père, pour vous-même et le Sacré Collège, et pour l'Eglise entière, mon hommage le plus respectueux avec mes souhaits de bonne année, vrais comme tout ce qui vient du cœur.

Que demandai-je à mon tour? C'est que le chef de la sainte Eglise puisse connaître les détails suivants. Son cœur paternel, dont le regard ne perd point de vue les petits, verra là, j'en ai l'espoir, les preuves certaines d'une affection persévérante, l'effort soutenu d'une lutte contre l'oubli qui nous écrase et les faits qui nous tuent. 1° Depuis mon premier voyage à Rome, en 1854, je célèbre fidèlement, une fois chaque mois, le saint sacrifice de la Messe, en demandant à Dieu que la Vierge Immaculée soit de plus en plus honorée et glorifiée suivant les intentions du Souverain Pontife ; et je m'unis de cœur et d'âme à ces intentions. 2° Depuis la même époque à peu près, on peut lire, à la fin de ma petite histoire de France, une note où la proclamation du dogme de l'Immaculée Conception se trouve mentionnée. Je veux joindre ainsi ma faible voix à la grande voix du Pontife Romain. 3° J'ai tâché pareillement de me souvenir du mot de saint Jean (Ire ép. III, 18) ; mais ce que j'espère offrir de mieux à Sa Sainteté, c'est une dissertation théologique et littéraire *De Romani Pontificis auctoritate*. Si Dieu me vient en aide, Homère et Platon feront chorus aux auteurs sacrés.

Vous le voyez, Eminence, mon appel au Pape a grandi dans l'ombre, à l'instar de la réputation de Marcellus. Un dernier mot, si votre indulgence veut bien me le permettre. Ce sera pour appeler l'équitable et judicieuse attention du Sacré-Collége sur les détails suivants. Je les ai renvoyés aux notes, pour ne point surcharger ma lettre ; et de la foi la plus ferme, je crois, je veux croire que le Père commun des fidèles garde au dernier de ses enfants plus d'amour encore que l'infatigable nature ne saura jamais en inspirer.

L'Abbé BRIÈRE.

Vicaire.

Châteauneuf (Eure-et-Loir), 25 décembre 1875.

ANNOTATIONS

1° Je sais qu'on a envoyé au Saint-Père les livraisons de *la Voix de Notre-Dame de Chartres*. On peut y lire une notice sur ma mère, qui est morte en 1857. Durant l'exil à Gaëte, cette pieuse femme a offert, chaque jour, une dizaine de chapelet pour le chef de l'Eglise.

2° Voici ce que je tiens à raconter sur mon bon père, qui mourut cinq ans après, dans des sentiments de foi non moins grands. La veille de sa mort, je m'étais rendu auprès de lui. *Fouille dans ce tiroir*, me dit-il. Aussitôt dit, aussitôt fait. Juste ciel : voici que de nombreuses pièces d'or tombent à mes pieds. Il y avait onze cents francs. *Qu'est-ce que cela?* dis-je. *Un payement peut-être? — Non, ce sont mes économies pour toi.* Économies prodigieuses : car tout en possédant une modeste aisance, le cher malade était accablé par les frais qu'occasionnaient ses cruelles souffrances.

Je commente ainsi le fait en question. Il y a certainement plus d'amour dans le cœur de Dieu que dans celui des pères d'ici-bas, et ceci doit nous porter à conclure que l'amour de Dieu pour ses fidèles enfants n'est pas seulement un amour légal et vulgaire; mais, comme j'espère bien l'expliquer, un miracle d'amour inimaginable, tenu secret jusqu'à la fin. Voilà ce qui m'a porté à graver sur la tombe du cher défunt les vers suivants :

O mon Père !

Lorsque je pense à toi, pour bercer ma tristesse,
Je pleure. Mais quoi donc ? Désespérer! jamais.
Le Dieu qui fit ton cœur m'a promis sa tendresse,
Père, il nous aime tous, comme toi tu m'aimais.

En réfléchissant, on peut tirer, en faveur de mes pensées, une présomption très forte de la proclamation du dogme de l'Immaculée Conception. Ce fait prouve en effet : 1° Qu'il y a progrès dans la manifestation de la vérité révélée ; 2° Que l'Eglise peut finir par admettre une vérité longtemps combattue ; 3° ce fait prouve surtout que la volonté divine est bien un miracle d'amour au-dessus de toute loi, et qui tend à la violation de la loi. Qu'est-ce que l'Immaculée Conception envisagée dans ses rapports avec la loi générale du péché originel ? Une infraction à la loi, une sublime hérésie d'amour.

On a oublié de citer plus haut la lettre suivante. Cette lettre, rapprochée de celle de la Nonciature, fera voir quels ont pu être mes embarras. Quoi qu'il en soit, hommage et vœux du cœur à celui qui m'a écrit ces lignes, ainsi qu'à tout le diocèse.

ÉVÉCHÉ DE CHÁRTRES   24 août 1872.

—

Monsieur et cher Confrère,

Monseigneur me charge de vous dire qu'il ne peut vous laisser libre de publier vos pensées qu'autant que vous y aurez été autorisé par Sa Sainteté ou par Mgr le Nonce apostolique. Dans ce dernier cas, vous devrez préalablement communiquer à Sa Grandeur l'autorisation demandée.

Agréez, Monsieur et cher Confrère, mes sentiments affectueux et très distingués.

POUCLÉE, *Oficial.*

Paris. — Imp. Balitout, Questroy et Cᵉ, 7, rue Baillif.